काव्य
मेरे अल्फ़ाज़....

तनिश जैन

Copyright © Tanish Jain
All Rights Reserved.

This book has been published with all efforts taken to make the material error-free after the consent of the author. However, the author and the publisher do not assume and hereby disclaim any liability to any party for any loss, damage, or disruption caused by errors or omissions, whether such errors or omissions result from negligence, accident, or any other cause.

While every effort has been made to avoid any mistake or omission, this publication is being sold on the condition and understanding that neither the author nor the publishers or printers would be liable in any manner to any person by reason of any mistake or omission in this publication or for any action taken or omitted to be taken or advice rendered or accepted on the basis of this work. For any defect in printing or binding the publishers will be liable only to replace the defective copy by another copy of this work then available.

क्रम-सूची

प्रस्तावना v

1. कशमकश 1
2. इंसान की सोच 2
3. दिल के दर्द 4
4. खामोशियाँ.. 6
5. निराशा के बादल 7
6. कुछ लिख रहा था 8
7. फूलों की तरह 9
8. जो मिलता नहीं वही मांगते है 10
9. ऐ ! हवा धीरे-धीरे चल 11
10. पहली मुलाकात 12
11. स्नेह 14
12. बिन तेरे कहाँ हैं जीना... 15
13. घर हो ऐसा 16
14. सफ़लता 18
15. रिश्ते निभाना ज़रूरी था 19
16. चाँद 20
17. परिवार 21
18. है माँ 22
19. उम्मीद 23
20. क्या ऐसा हो सकता है 24
21. अजीब दुनिया 26

क्रम-सूची

22. आज नहीं	27
23. पंछी हो या आदमी	28
24. दर्द का मजा	29
25. जमीन पर जन्नत	30
26. उम्मीद जीत ही जाती है	31
27. पानी भरे हुए बादल	32
28. बेचैन दिल	33
29. मैं ही हूं	34
30. बहन	35
31. धूप तो हमेशा रहती	36
32. तेरा मेरा मन	37
33. याद ही सहारा	38
34. उमंगों की आवाज़	39
35. अहंकार	40
36. जीवन है महा संग्राम....	41
37. एक बात अक्सर ख्याल कर जाती है,	42
38. नारी तन मन से नही थकती!	43
39. भगवान की महिमा	45
40. कभी -कभी	46
अंत में	47
आपके सुझाव या टिप्पणी	49

प्रस्तावना

विभिन्न प्रकार के विकल्पों से ग्रस्त यह चंचल मन बार-बार आग्रह कर रहा था कि एक ऐसी पुस्तक का निर्माण करो जिसमें लोगों की रूचि पढ़ने में बनी रहे।

मैं इतना बुद्धिमान तो नहीं हूं कि मेरी सोच से ऐसी तर्क उपजे कि जो पुस्तक निकालूं वह सबको अच्छी लगे इसके लिए मैंने एक रास्ता चुना कि क्यों ना अच्छे अच्छे लोगों के विचारों का संकलन करके दिया जाए इस प्रकार जहां से भी मुझे अच्छी खुराक मिली उसे लिपिबद्ध करा और एक पुस्तक के रूप में प्रस्तुत करने का प्रयास कर रहा हूं।

मैं इस पुस्तक में कुछ गिनी चुनी काव्य के अलावा मेरा कुछ भी नहीं है मैंने यह सब संकल्न करके आपको अच्छी चीज देने का प्रयास किया है मैं आशा करता हूं कि आपको यह मेरा प्रयास पसंद आएगा।

मैं उन सभी का धन्यवाद और आदर्श करना चाहूंगा जिनके लिखे मुक्तको या काव्य को कोई मैंने इस पुस्तक में संजोया है।

इस पुस्तक को सुंदर स्वरुप देने का मैं अधिक से अधिक प्रयास करूंगा।

जय जिनेंद्र

1. कशमकश

उम्र भर हम दूसरों के कटघरे में खड़ा कर बेधड़क फैसला सुनाते गए,
जब बात हमारी आई तो सोचा हमसे अच्छा कौन है ?
हमसे अच्छा कौन है ? कि अपने हर ऐब की सफाई तैयार रख दूसरों से समझदारी की उम्मीद लगा बैठे,
उम्मीद..की लोग हमारे इरादों को पढ़ लेंगे,की हमारे हर फैसले की गहराई को समझेंगे।
उम्मीद टूटी तो मन को समझाया की ये सारी दुनिया नासमझ है, ये हमारी नेकी के लायक नहीं ,
इस कशमकश में रिश्ते पीछे छूटते गए और हम तनहा आगे बढ़ते गए।

2. इंसान की सोच

ये वो इंसान है, जो कभी बेटियाँ के लिए तरश रहे है
ये वो इंसान है, जो कभी बेटों के लिए तड़प रहे है
कोइ पैसों से प्यार कर रहा है,
तो किसी को पैसों से नफरत है
शायद कोई चीज है, जो इंसान को इंसान से अलग कर रही है
ये इंसान की अपनी ही सोच है, जो इंसान को अलग कर रही है
ये वो इंसान है, जो कभी खुशियाँ तलाश रहे है
ये वो इंसान है, जो कभी गम को तलाश रहे है
कोई अपनी ख़शियों से प्यार कर रहा है,
तो किसी को खुशियों से नफरत है
शायद कोई चीज है, जो इंसान को इंसान से अलग कर रही है
ये इंसान की अपनी ही सोच है, जो इंसान को अलग कर रही है
ये वो इंसान है, जो दूसरों के लिए अपना सबकुछ लुटा रहे है
ये वो इंसान है, जो अपने लिए दूसरों का सबकुछ लुटा रहे है
कोई गुनाह करते-करते भी न थका है, तो
किसी को मदद करने की आदत हो गई है

ये वो इंसान है, जो किसी को बेहिसाब यूँ ही चाहते है
ये वो इंसान है, जो किसी को हिसाब के लिए चाहते है
कोई चाहते-चाहते भी न थका है
तो किसी को यहीं चाहत नसीब नहीं है
ये वो इंसान है, जो दूसरों के लिए अपनी ख़ुशी कुर्बान कर रहे है
ये वो इंसान है, जो अपने लिए दूसरों की ख़ुशी कुर्बान कर रहे है
किसी के लिए यहीं खुशियाँ आम हो गयी है,
तो किसी को गम में जीने की आदत हो गयी है
शायद कोई चीज है, जो इंसान को इंसान से अलग कर रही है
ये इंसान की अपनी ही सोच है, जो इंसान को अलग कर रही है
हाँ! ये इंसान की अपनी ही सोच है, जो कि;
एक इंसान को दूसरे इंसान से अलग कर रही है

3. दिल के दर्द

दर्द मेरा है सुने और सुनाये कौन।
टूट कर बिख़रा हूँ मैं उठाये कौन।।
जो गुज़र गया है मुझ पर
वो बातें हर किसी को बताये कौन
एक ग़रीब घर का फसाना हूँ।
वक़्त का गुजरा हुआ ज़माना हूँ।।
बड़ी मेहनत से बनाया मिट्टी का घर।
बारिश में गिर गया फ़िरसे बनाये कौन।।

बड़े कमज़ोर दिल के मेरे अब्बू हैं।
घड़ी मुश्किल में दिलासा दिलाये कौन।।

किसी के घर में पनाह लेना पड़ा।
वक़्त इतना भी बुरा आया है।।
ज़माने ने तरस खाया था।
पर अपनों ने दिल दुखाया है।।
कौन दोहरायेगा पुरानी बातों को।
सोये हुए ग़म को जगाये कौन।।
वो जो अपने हैं किस तरह के हैं।
मुश्किल में हम थे तो मुस्कुराते थे।।
शराफ़त का नक़ाब है जिनके चेहरे।
पर्दा उनके चेहरे से उठाये कौन।।

तनिश जैन

सुकूँ चाहिए तो भूल जा रहमत।
पर जो काफ़िर हैं उन्हें भुलाये कौन।।

4. खामोशियाँ..

तेरे आँखों की नमी
तेरे चेहरे की उदासी।
तेरा बिना कुछ कहे,
यूँ बेठे रहना
समझ रहा हूँ मैं।
तेरा सामने से मुस्कुराकर
अंदर ही अंदर रोना,
तेरे दिल का टूटकर
यूँ बिखर जाना,
देख पा रहा हूँ मैं।
तेरा इस तरह खामोश रहना
तेरी यह खामोशिँ,
सुन रहा हूँ मैं,
सुन रहा हूँ मैं।

5. निराशा के बादल

क्या पता जिंदगी मुझे
किस मोड़ पर ले जाए
यह काली घटाएं मुझे
छु के ना निकल जाए
दिल पूछता है इन काली
घटाओं से बार-बार
कुछ खूबसूरत यादें थी मेरी
यहां बताओ किधर गई
अब जिस तरफ से चाहे
गुजर जाए यह घटाएं
जो पल गुजर गए वह
मेरे दिल में उतर गए
इन घटाओं के बरसने का
कोई डर नहीं है मुझे
गम तो इस बात का है कि
कहीं मेरी जिंदगी न बिखर जाए
चाहा भी किसी को दिल ने
भुला भी दिया दिल ने
बस एक पल की चाह में
सदियां गुजर गई

6. कुछ लिख रहा था

नदी किनारे बैठा पानी में कुछ लिख रहा था
कभी दुआ तो कभी प्यार लिख रहा था
जिस की सलाह ने सबकी जिंदगी सवार दी
वो आज क्यों खुद को गलत लिख रहा था।
नाम किसी का लिखता था फिर मिटा रहा था
नदी की धारा में कीमती आंसू बहा रहा था
जिसने नफरत के बदले भी प्यार बांटा सभी को
वो आज क्यों प्यार को बेवफा लिख रहा था।
अपने जहन में कुछ सवालों के जवाब ढूंढ रहा था
जवाब कुछ ना मिले तो वो दरिया से पूछ रहा था
जो शख्स रोज दुआएं मांगता था पूरे विश्व के लिए
वो आज क्यों खुद को काफिर लिख रहा था।
जो खुद टूट कर भी सबको आबाद कर रहा था
आज वो दरिया को अपना दुःख सुना रहा था
भलाई करते करते पूरी उम्र गुजार ली जिसने
वो आज क्यों खुद को घिनौना लिख रहा था।

7. फूलों की तरह

सुबह होने तक फूलों को पता नहीं होता,
की मंदिर में भगवान के गले का हार बनेंगे,
या किसी के कब्र पर चढ़ाए जायेंगे,
जिंदगी को भी पता नहीं होता की,
कब खुशी से खिलाएगी या कब मायूसी
के चादर में सिमट जाएगी ।
इसलिए जो पल आपके पास हैं उनमें
हँसिए खिलखिलाइए कौन जाने कब
जिंदगी की शाम हो जाए।।

8. जो मिलता नहीं वही मांगते है

जो मिलता नहीं हम वही मांगते है
दिल कहता है हम सही मांगते है!!

एक पल का सफर अब कटता नहीं!
फिर जीने के खातिर सदी मांगते है!!

जीवन के जल को विष तुल्या करके!
अब पीने के खातिर नदी मांगते हैं!!
पतझड़ में बिखरे पड़े उपवनो से!
फूलों की सुन्दर कली मांगते है!!
राहों में सूल बिछाकर गए !
अब घर लौटने की गली मांगते है!!
आंखे रही तो पलक भर न देखा!
अब अंधेरे में फिर रोशनी मांगते हैं!!

9. ऐ ! हवा धीरे-धीरे चल

ऐ हवा तू जरा धीरे चल
अपने चंचल स्वभाव से
तन बदन को मत हिला!
सूखे पड़े पत्तों जैसे मेरी
भावनाओं में उनकी
यादों का दीया मत जला
उनकी सांसों की खुशबू को
अपने आगोस में भरकर
हर दिशाओं में मत उड़ा!
हम तो पहले से रुसबा थे
एक डोर थी जो हल्की पकड़ी थी
उसे तेज झोंका देकर मत छुड़ा!

10. पहली मुलाकात

कितनी प्यारी वह मेरी
तुम्हारी पहली मुलाकात थी
एक अनजाने डर से
बंधी हुई सुहागरात थी
मैं डरी सहमी खुद को
अपने में समेट लिया था
तुम्हारी एक मुस्कुराहट ने
मेरे डर को कुछ कम किया था
वो लम्हा आज भी याद है
बड़े प्यार से तुमने मेरे
हाथ को अपने हाथ में मांगा था
जीवन भर बिना डर का
साथ मांगा था
झिझकते हुए और सकुचाते हुए मैंने अपना हाथ बढ़ाया था
मेरा संकोची मन तुमसे
कुछ कह नहीं पाया था
तुमने मेरी थकान को मेरे
चेहरे पर महसूस किया था
हर सांस ने तुम्हारी मेरे
जिस्म को महफ़ूज़ किया था
मेरी थकी हुई स्वप्नीली
आंखो को तुमने चूम लिया था

थपथपाते हुए मेरी
हथेली को हौले से कहा था
आज से हमारी
दोस्ती की शुरुआत है
अपने मीठे सपनों की
पहली रात है।
मैं जीवन भर रहूंगा
दोस्त तुम्हारा
सुख-दुख जो भी है
आधा आधा हमारा
जीवन का कोई भी गम
अकेले मत सहना
बेफिक्र और बेखौफ होकर
मुझसे हर राज़ कहना
एक दूजे का विश्वास करेंगे
आने वाले हर इम्तहान को
हम मिलकर पास करेंगे
जिम्मेदारी परिवार की बखूबी निभाएंगे
कितना भी हो
इक दूजे का दिल कभी ना दुखाएंगे
प्यार की इस निराले
अंदाज ने तुम्हारे मुझे
हर गम से बेखौफ किया था
नींद ने हमदोनों को फिर
अपने आगोश में लिया था
एक नई खुशनुमा सुबह के इंतजार में

11. स्नेह

अपने समाज का स्नेह
मुझे बेहद प्यारा
जैसे गर्म तवे से झुलसे
जातिवाद के मनुवादी मरुस्थल में

प्राणों के आखिरी कतरे को बचाती
दलित संघर्ष के मुख
पर बरसी अमृत रस की

श्वेत शुभ्र धवल और
जीवनदायिनी अमृत धारा।

12. बिन तेरे कहाँ हैं जीना...

हर वक्त ख़याल हैं तेरा
बिन तेरे कहाँ हैं जीना...
तू जो उदास तो...
फिर... कैसे रहे हम खुशमिजज...!
तेरी ख़ामोशी
कैसे करें बर्दास्त..!
हम सदा आतुर हैं
सुनने को तेरी आवाज,
कुछ तो करों अल्फाजों से इशारा
जिससे समझे हम हाले दिल तम्माम...!!

13. घर हो ऐसा

पक्के और कच्चे नहीं होते घर
ना ही मार्बल और टाइल्स
से ही सजे कमरे कहलाते हैं घर
घर तो वो जगह, वो कोना होता है
जहां प्यार के गारे
और अपनेपन की मिट्टी की
महक आती हो
घर में भले न हों
बनावटी फूलों की सजावट
घर तो घर तब होता है जब
घर के आंगन में हों
जीते जागते मुस्काते
फूलों के खुशबू
जहां लगाए जाते हों
बेपरवाह ठहाके और कहकहे
और गूंजती हों
नन्हे मुन्ने की किलकारियां..
घर महंगे परदों और
कशीदा की हुई कालीनों की
नुमाइशों की नहीं होती मोहताज
घर वो झोपड़ी भी होती हैं
जहां मिलकर पूरा परिवार

पानी भात को ऐसे छकते हैं
नानो छप्पन भोग
जहां नमक रोटी प्याज भी
भारी पड़ जाती हैं
बटर पनीर और नान पर!!
घर तब लगता है घर
जब घर वाले मतवाले हों
दिल में नादानी,होठों पर
निश्चल मुस्कान
और नीयत भोले भाले हों..
घर की दीवारें भले न रंगी हों
बाजारू महंगे रंगो से,बल्कि
घर में रहनेवालों के मन रंगे हों
अपनेपन और प्रेम के
इंद्रधनुषी रंगो से..
घर सुकून और फुरसत
का होता है पड़ाव
घर सर्दी में धूप होता है
तो गर्मी में होता है छांव..
ऐसा ही घर सबका हो
और सब ऐसे ही घर के हों
ईश्वर सबको दे ऐसा ही घर
कोई बंजारा, कोई बेघर ना हो..

14. सफ़लता

मंजिल बैठी है तेरे इंतजार में
तू उसकी राह पर चल तो सही
मिलने को बेताब वो तुमसे ज्यादा है
तू अपने घर से निकल तो सही
खरा सोना तू भी बन सकता है
पहले मेहनत की आग में जल तो सही
तेरी जिंदगी तो बदलने को तैयार बैठी है
एक बार अपनी सोच को बदल तो सही
सफलता तेरे कदमों में जल्द होगी "राठी"
बस सही दिशा में तू लगा थोड़ा बल तो सही

15. रिश्ते निभाना ज़रूरी था

यूँ दर बदर देखो जाना भी जरूरी था
जो रिश्ते है उन्हें निभाना भी जरूरी था
कोई समझे या न समझे कन्धा भी जरूरी था
पड़ते सामने तो कैसे न पड़ते घर से निकलना भी जरूरी था
खूब दुत्कारे चाहे हमें
नाते से नाते में मिलना जरूरी थ
जो रिश्ते है उन्हें निभाना भी जरूरी था
भूखे पेट सोये चाहे हम चार लोगों का होना पर जरूरी था
चलने फिरने तक तो देखा नहीं कभी किसी ने
बिस्तर पर पड़ने पर मिलना जरूरी था
जेब खाली खाकी हो मगर
एक सिक्का जरूरी था
जो रिश्ते है उन्हें निभाना भी जरूरी था
आज मेरा किसने देखा था सामने आना जरूरी था
जो रिश्ते है उन्हें निभाना भी जरूरी था

16. चाँद ....

आज चांद में कुछ खास बात थी,
जो गुजर गई वह हमारी मुलाकात थी,
ना जाने क्यों इस चमक में तुम्हारी याद थी,
आज चांद में कुछ खास बात थी ,
कभी बैठे थे तुम्हें मनाने के लिए वह भी अजीब सी बात थी ,
ना जाने क्यों आज चांद में कुछ खास बात थी,
आज ही के दिन हुई वह मुलाकात थी ,
बिछड़ने की वह अजीब सी बात थी ,
ना जाने क्यों आज चांद को देखने में कुछ खास बात थी.....

17. परिवार

हम दो हमारे दो-
छोटा परिवार ही रहने दो",
संदेशा सुनकर सबने ही-
मधुरिम सपने लिये संजो.
फिर चाहा,हों बेटा-बेटी-
एकल हो परिवार,
भाग्य छोड़कर कर्म सराहा-
फंसे रहे मंझधार.
दादा-दादी अलग रह गए-
हुआ विभाजित प्यार,
कोरोना के कठिन काल में-
खुल गए मन के द्वार.
बेटा हो या बेटी,
कर लो दोनों को स्वीकार,
नेह,मान,सेवा का प्रतिफल-
हर शिशु का अधिकार.
काल का पहिया घूम रहा है-
परिवर्तन होने वाला,
मिलजुलकर फिर बस जाएंगे-
घर भी होगा मतवाला.

18. है माँ

हमारे हर मर्ज की दवा होती है माँ....
कभी डाँटती है हमें, तो कभी गले लगा लेती है माँ.....
हमारी आँखों के आंसू, अपनी आँखों में समा लेती है माँ.....
अपने होठों की हँसी, हम पर लुटा देती है माँ......
हमारी खुशियों में शामिल होकर, अपने गम भुला देती है माँ....

जब भी कभी ठोकर लगे, तो हमें तुरंत याद आती है माँ...
दुनिया की तपिश में, हमें आँचल की शीतल छाया देती है माँ.....

खुद चाहे कितनी थकी हो, हमें देखकर अपनी थकान भूल जाती है माँ....

प्यार भरे हाथों से, हमेशा हमारी थकान मिटाती है माँ.....
बात जब भी हो लजीज खाने की, तो हमें याद आती है माँ......

रिश्तों को खूबसूरती से निभाना सिखाती है माँ.......
लब्जों में जिसे बयाँ नहीं किया जा सके ऐसी होती है माँ.......

भगवान भी जिसकी ममता के आगे झुक जाते हैं

19. उम्मीद

संसार सम्र-भूमि निरंतर सृजन लाती
हार-जीत जिन्दगी को नयी राह दिखाती है
ना जीतकर ही ठहरो ना हार से हो मायूसी
दिल की हर धड़कन उमंग ही लाती है
हिम्मत जनून दिल में किस बात की हैं परवाह
जिद करने वाले के संग कायनात लग जाती है
भाव उमंगों से बाज उडान भरा करते
उम्मीद जिन्दगी मे जीत ही जाती है

20. क्या ऐसा हो सकता है

क्या ऐसा हो सकता है कि......
तू मैं बन जाएऔर मैं तू हो जाऊं।
तू मेरी सूरत लगे, मैं तेरी मूरत हो जाऊं।
मेरी आंखों से तू देखे, मैं तेरी नजर पाऊं।
तू मुझमें समा जाए, मैं तुझमें समा जाऊं।
क्या ऐसा हो सकता है कि.........
मेरी आंखों का दरिया तेरी आखों से बहे।
जुबां मेरी हो पर बात तेरी कहे
तेरा दर्द मुझे हो महसूस, मेरी पीड़ा तू सहे।
तुझसे दूर रहकर मैं तड़पू ,मेरी जुदाई में तू दहे।।
क्या ऐसा हो सकता है कि........
मेरी बातों में सदा तेरा जिक्र हो ।
तेरी आंखों में भी मेरे लिए फिक्र हो ।
जो तू हो हमसफर मेरे हर सफर में।
मेरा लहजा फिर बेपरवाह हो, बेफिक्र हो ।।
क्या ऐसा हो सकता है कि........
तेरे सोए हुए अरमां मेरे दिल में मचलें।
मेरे हसीन ख्वाब तेरी नींदों में पलें।
मेरी अंधेरी रात तेरी रोशनी में धुल जाए
तुझ तक जाने वाले रास्ते मेरे संग चलें।।
गर ऐसा हो सकता है तो फिर हो जाए
मैं तुझे ढूंढ लूं, तू मुझे पा जाए।

फिर मैं मैं न रहूं, तू भी खुद से जुदा हो जाए।
मैं और तू मिल जाएं और हम बन जाएं।।
क्या ऐसा हो सकता है ....

21. अजीब दुनिया

जोरो की बरसात है फिर भी शहर जल रहा है
सुबह हो चुकी है मगर यहां अंधेरा चल रहा है,
ये किस नयी दुनिया में आ गए हैं हम
पंछी पेड़ पर सोये है और तूफान चल रहा है।
ठंड ऐसी की सूरज को भी सर्द लगी है
गरमी ऐसी की बर्फ में भी आग लगी है,
जिंदगी में यहां मंजिल क्या है खबर नहीं
डूबते डूबते बचा हूं और फिर प्यास लगी है।
दरिया तो बहता है पर जमीन नीरस दिख रहा है
नींद सबको है पर हर शख्स जागता दिख रहा है
अब कैसे कहे की कैसे कट रहा है दिन हमारा
याद हम सबको हैं पर कोई याद नहीं कर रहा है।

22. आज नहीं

कल तो यहीं थे, आज नहीं हो।
मेरे संगीत के, तुम साज़ नहीं हो।
होता नही कोई, किसी का यहाँ।
जितने करीब थे, आज नहीं हो
ये बातें तुम्हारी, कब तक चलेगी।
राशन के बिना, इलाज़ नहीं हो
टूटेगा दिल, धीमें-धीमें सब का
जरूरतमंद की, आवाज़ नहीं हो।
तुम्हीं से था, मोहब्बत का आसरा।
मगर 'उपदेश' के, रिवाज़ नहीं हो।

23. पंछी हो या आदमी

सबको है परिवार प्यारा पंछी हो या आदमी
घर तो हो सबका सहारा पंछी हो या आदमी
धूप में तपते हुए हुए को वृक्ष की छाया मिले
ढूँढता है एक सहारा पंछी हो या आदमी
आशियाने के लिए कहाँ ना भटकता आदमी
हर कोई थकता और हारा पंछी हो या आदमी
दर्द में हर मर्ज में दवाखाने की होती तलाश
अपनों की ही तो पुकारा पंछी हो या आदमी

24. दर्द का मजा

दर्द का मज़ा, बताये कौन लेना चाहता।
आह निकल जाती, आँसू बहना चाहता।
दिल का दर्द या जिस्म का, कौन बताये।
हद से बाहर जाये, तो दाँत भींचना चाहता।
याद आते ही, दिल में टीस उठने लगती।
दर्द दूर करने के लिए, वो मिलना चाहता।
तन्हाई में जिन्दगी, मोहब्बत को बुलाती।
उसी भरोसे 'उपदेश', वक्त काटना चाहता।

25. जमीन पर जन्नत

जमीन पर जन्नत मिलती है कहाँ
दोस्तों ध्यान से देखा करो अपनी मा
जोड़ लेना चाहे लाखों करोड़ो की दौलत
पर जोड़ ना पाओगे कभी माँ सी सुविधा
आते हैं हर रोज फरिश्ते उस दरवाजे पर
रहती है खुशी से प्यारी माएं जहाँ जहाँ
छिन लाती है अपनी औलाद की खातिर खुशियाँ
कभी खाली नही जाती माँ के मुहं से निकली दुआ
वो लोग कभी हासिल नही कर सकते कामयाबी
जो बात बात पर माँ की ममता में ढूँढते है कमियां
माँ की तस्वीर ही बहुत,बड़े से बड़ा मन्दिर सजाने को
माँ से सुंदर दुनिया में नही होती कोई भी प्रतिमा
माँ का साथ यूँ चलता है ताउम्र आदमी संग
जैसे कदमों तले झुका रहता हो सदा आसमां
माँ दिखती तो है जिस्म के बाहर सदा
पर माँ है रूह में मौजुद बेपनाह होंसला
कभी गलती से भी बुरा ना सोचना माँ के बारे में
ध्यान रहे माँ ने ही रचा हर जीवन का घोंसला
मर कर भी बसी रहती है माँ धरती पर ही अ नीरज
कभी नही होता औलाद की खातिर उसके प्रेम का खात्मा

26. उम्मीद जीत ही जाती है

संसार समर-भूमि पल -पल सृजन ही लाती है
हार हो या जीत यहाँ नयी ही राह दिखाती है
अजब अनोखे इस दुनिया में जीतना तो ना काफी है
ठहर गए तो जीवन की गति वही रूक जाती है
हिम्मत जनून दिल में हो किस बात की है परवाह
जिद करने वाले के संग कायनात भी लग जाती है
भाव उमंगों से ही गगन में बाज उडान भरा करते
निराशा कभी जीत नहीं पाती उम्मीद जीत ही जाती है

27. पानी भरे हुए बादल

पानी भरे हुए भारी बादल से डूबा आसमान है
ऊँचे गुंबद, मीनारों, शिखरों के ऊपर।
निर्जन धूल-भरी राहों में
विवश उदासी फैल रही है।
कुचले हुए मरे मन-सा है मौन नगर भी,
मज़दूरों का दूरी से रुकता स्वर आता
दोपहरी-सा सूनापन गहरा होता है
याद धरे बिछुड़न में खोए मेघ-मास में।
भीगे उत्तर से बादल हैं उठते आते
जिधर छोड़ आए हम अपने मन का मोती
कोसों की इस-मेघ-भरी-दूरी के आगे
एक बिदाई की संध्या में
छोड़ चाँदनी-सी वे बाँहें
आँसू रुकी मचलती आँखें।
भारी-भारी बादल ऊपर नभ में छाए
निर्जन राहों पर जिनकी उदास छाया है
दोपहरी का सूनापन भी गहरा होता
याद भरे बिछुड़न में डूबे इन कमरों में
खोई-खोई आँखों-सी खिड़की के बाहर
रुँधी हवा के एक अचानक झोंके के संग
दूर देश को जाती रेल सुनाई पड़ती!

28. बेचैन दिल

अपने प्यार नें पाया, आशीर्वाद ठुकरा दिया।
खुद्दार परिवार का दिया, गुमान ने बुझा दिया।
अब किससे कहे, कोई सुनने में साथ न देता।
इस तरह से हूक उठे, उसे एकांत ने दबा दिया।
मेरा मन बहुत सोचता, उदासी दूर चली जाये।
मगर क्या करें, जान कर 'उपदेश' भुला दिया।

29. मैं ही हूं

मैं ही धरा मैं ही गगन हूं
मैं ही सूर्य मैं ही चमन हूं
मैं ही जीत और हार मैं हूं
गीता का मधुर विचार मैं हूं
परिकल्पना से भी बढकर देखो
जीवन का सुंदर सार मैं हूं
मैं ही चीख पुकार मैं हूं
महा प्रलय का प्रहार मैं हूं
अर्जुन के तूणीर मैं बैठा
गांडीव का टंकार मैं हूं
मैं ही शिखर तो शून्य मैं हूं
आदि मैं हूं तो अंत भी मैं हूं

30. बहन

मैं हर रात उसे अपने किस्से सुनाता हूँ,
हर रोज उससे लड़ता और मनाता हूँ
मैं उसके चेहरे की उदासी देख
उसे हँसाता हूँ।
मैं जहाँ रहूँगा, तुम भी वहीं रहोगी
मैं वो सब कुछ लाके दूँगा जो कुछ भी तुम कहोगी।
तुम्हें कोई कमी होने नहीं दूँगा
खुद रो लूंगा पर तुम्हें रोने नहीं दूँगा।
तुम्हारी हर ख्वाहिश को पूरा करना फर्ज है मेरा
तुम्हारा बड़ा भाई होना, जीवन का कर्ज है मेरा।
मैं उसकी हर समस्या का हल लाता हूँ
उसकी आँखों में आँसू देख मैं
थोड़ा सा चुप हो जाता हूँ
ये मेरा प्यार है
जो मुझे उसके पास खींच लाता है।

31. धूप तो हमेशा रहती

धूप तो हमेशा रहती, कही जाती नही।
इंसान चाहता छाँव, मगर आती नही।
बरसात की जरूरत, खेती भी चाहती।
हरियाली ऐसी मिले, जो मुरझाती नही।
बादलों की नसीहत, आसमान के तरफ।
धूप तो हमेशा रहती, कही जाती नही।
इंसान बिठाना सीख ले, सामंजस्य यदि।
खुश दुख के ऊपर, 'उपदेश' पायी नही।

32. तेरा मेरा मन

जी तो बहुत करता है, मन के अंदर मन।
ख्वाबों में बिचरता है, जगता हुआ मन।।
यादें की खुशबू में, शामिल तुम्हारा तन।
अब तो सांसों में, दुबकने को करता मन।।
बना लें अपना हमसफर, यदि मन्जूर हो।
एक ख्वाहिश, साथ-साथ घूमने का मन।।
तेरी संगत मिले, मन की मुराद पूरी हो।
जाने क्या-क्या सोचता, बेचारा मेरा मन।।
तुम्हारे इर्द-गिर्द घूमती, हमारी ख्वाईशे।
आवाज बने 'उपदेश' की, तेरा मेरा मन।।

33. याद ही सहारा

याद ही एक सहारा है
अब बाते नही होती।
तूँ दूर का एक तारा है
काली राते नही होती।
जिसको सहारा समझा
वो छोड़ कर जाता रहा।
'उपदेश' सहूलियतों में
प्यारी लाते नही होती।

34. उमंगों की आवाज़

हर उमंग की होती है एक आवाज़,
होता है एक संगीत,
कभी मंद्र तो कभी तीव्र..
कभी इतना तीव्र कि
सुनाई नहीं पड़ती संगीत
की लय,
गीत का भाव,
लय का बहाव...
फिर उत्पन्न होती है निराशा,
और आदमी कह उठता है-
नहीं मालूम उसे,
कि उसे क्या चाहिए...

35. अहंकार

भाव से भावित सकल जहान
अहम् सभी अवगुण की खान
भ्रमित दुनिया सारी शुभ ज्ञान बिना
नश्वर जगत सब मिटता
मैं-मैं कर के गया यह जमाना
नाश करता अहम् ही खुदी का
मिलता कहीं ना ठिकाना
होता घमण्ड जब सिर पर सवार
जाती मति मारी शुभ ज्ञान बिना
भूल जाते हैं रिश्ते नाते
मिट जाती मान-मर्यादा
गलती को गलती ना माने
बन जाता मार्ग में बाधा
उल्टे होने लगते कर्म आखिर में होता पतन
भ्रमित दुनिया सारी शुभ ज्ञान बिना

36. जीवन है महा संग्राम....

जोवन है महा संग्राम,
दुश्मनो से घिरा युध्द का मैदान!
दिखाना है करतब भरना है हुंकार,
खो न जाय अरमान!
पग-पग पर बला जीवन ढला,
अनगिनत कहानियाँ किस्से,
हंसकर कर गढा!
तब कहीं जाकर आगे बढ़ा!
नीचे नही ऊपर बढने मे,
होता सब का सम्मान!
जीवन है महा संग्राम!
बेबस लाचारी की नही है जगह,
नाम डुबाने मे यही है वजह!
उठाई नही खड़ग लड़ी नही लड़ाई
सहना होगा अपमान!
जीवन है महा संग्राम!

37. एक बात अक्सर ख्याल कर जाती है,

एक बात अक्सर ख्याल कर जाती हैं,
तेरी तन्हाई भी मुझसे कई सवाल कर जाती हैं।
गर देख ना तू मुझको ऐसी टूटी हुई निगाहों से,
मेरी गैरत भी मुझसे शर्मे हयां बयां कर जाती हैं।
एक बात अक्सर ख्याल कर जाती हैं.....
तेरी तन्हाई भी मुझसे कई सवाल कर जाती हैं।
मैंने सोचा ना था कभी ऐसा भी पल आएगा,
होने को तुझसे दूर मेरा ये दिल कह जायेगा।
यूं रखना तू शिकायते हमसे हजार अपने दिल में,
मेरी ख़ामोशी भी मेरी मोहब्बत इकरार कर जाती है।
एक बात अक्सर ख्याल कर जाती हैं.......
तेरी तन्हाई भी मुझसे कई सवाल कर जाती हैं।

38. नारी तन मन से नही थकती!

नारी जीवन के हर पड़ाव पर,
खड़ी मिलती!
रोज-मर्रा काम की असंख़्य पीड़ा दर्द की,
अनुभूति से जड़ी मिलती!
कहने को बहुत कुछ रहता पर,
कभी मुख नही खोलती!
दर्द छुपा कर उल्टा प्यार स्नेह का रंग,
जीवन मे घोलती!
सुंदरता से जड़ी मिलती!
स्त्री जीवन के हर पड़ाव पर खड़ी मिलती!
समय के साथ नारी के रूप बदल जाते,
बेटी, पत्नी ,बहू और माँ रिस्ते अटल होते,
हर इंसान के लिए अलग धूप खिलाती!
परिवारों के लिए अलग दीप जलाती,
बेटे के लिए माँ का, पति के लिए पत्नी का!
घर मे खाना बर्तन कपडे धोना काम मे लड़ी मिलती!
नारी जीवन के हर पड़ाव पर खड़ी मिलती!
नारी तन-मन से नही थकती,
वह शक्ति बन जीवन निखार देती,
उसे थकाते है हम जैसे पुरुष!

इतने पर वह कितने दर्द विसार देती!
आओ नारी का सम्मान करे,
नही उसका अपमान करे!
उसको उसका अधिकार देंगे तो बढी मिलेगी!
नारी जीवन के हर पड़ाव पर खड़ी मिलेगी!

39. भगवान की महिमा

जब हम छोटे थे,
तब से आज तक इंतजार है।
भगवान को देखा नही,
जिसकी महिमा अपरम्पार है।
हर वक्त चर्चा आज भी,
भजनों का माध्यम आधार है।
मन व्यथित या खुशी में,
गुरु के बताये रास्ते से प्यार है।
मेरा नाम भी गुरू ने दिया,
जिन पर सभी का एतवार है।
मैं बडे बुजुर्गों का ऋणी,
'उपदेश' ही जीवन की पतवार है।

40. कभी -कभी

वो रहता है अक्सर दूर , नजर आता है कभी कभी
मुहब्बत है उसे मुझसे , मगर बताता है कभी कभी
बेशक मुझे वो अपना हमसफर कहता है आजकल
हक मुझपर वो अपना ,मगर जताता है कभी कभी
मुझसे बिछड़कर उसने भी तो लिखी होंगी चिट्ठियां
मेरे पते पर वो इनको, मगर पहुंचाता है कभी कभी
गुमां होता है कुछ कहा है , अभी सरगोशी से उसने
सोने भी नही देता मुझे, मगर जगाता है कभी कभी
मना लेंगे इकट्ठे बैठकर उसको ,अगर रूठ जाये तो
वो परेशां तो नही करता,मगर सताता है कभीकभी
तेरे बाद तेरी यादों का हम लेते हैं सहारा, तन्हाई मे
आइने में है तेरी तस्वीर, मगर छिपाता है कभी कभी

अंत में ....

अंत में लिखने के लिए तो बहुत कुछ है मगर अभी काई लिया मैं अपनी कलाम को विराम देता हूं |
अंत में दो शब्द कहना चाहूंगा "सफलता का कोई रहस्य नहीं है वह केवल अत्यधिक परिश्रम चाहती है"
    धन्यवाद मैं आशा करता हूँ की यह किताब आप सभी के जीवन में कुछ बदलाव लाये||
"जय जिनेंद्र - जय भारत"

रचियता एवं संपादक:-
तनिश जैन

आपके सुझाव या टिप्पणी

www.ingramcontent.com/pod-product-compliance
Lightning Source LLC
La Vergne TN
LVHW012038060526
838201LV00061B/4668
* 9 7 9 8 8 8 7 0 4 4 8 1 1 *